LA
RÉPUBLIQUE

OU

LA SATISFACTION DES MANDANTS

PAR

LA SATISFACTION DES MANDATAIRES

PAR

VERUM

PARIS

EN VENTE CHEZ M. ÉMILE COSTEDOAT

14, RUE DU RENDEZ-VOUS, 14

1883

Reproduction interdite.

LA RÉPUBLIQUE

OU

LA SATISFACTION DES MANDANTS

PAR

LA SATISFACTION DES MANDATAIRES

Posons d'abord en principe que la condition première de tout progrès réside dans la lumière, et que l'ignorant ne saurait se prononcer avec quelque sagesse sur des questions restées lettre close pour son intelligence inculte.

Or, le corps électoral de la France se compose en grande majorité, en presque totalité, de citoyens incapables de raisonner leurs votes.

Donc, aussi longtemps que nos institutions reposeront sur l'ignorance, tout progrès sérieux restera impossible; les années pourront s'écouler, les générations se succéder, innombrables, sans amener d'autre résultat que l'agitation dans le vide.

Les enseignements de l'histoire et le témoignage constant du jeu des passions humaines nous démontrent également que des mandataires irresponsables qui, pour la satisfaction de leurs intérêts personnels, peuvent impunément violer les engagements en vertu desquels ils ont été élus, ne consentiront jamais à éclairer le suffrage universel.

Pourquoi cela?

Parce que les électeurs, aussitôt munis de la lumière, s'empresseraient d'exiger la responsabilité réelle pour tous les fonctionnaires à leur solde.

Conclusion :

La république véritable, la chose de tous par tous, la nation faisant réellement ses affaires elle-même, la république **sans**

épithète, enfin, ne fera son apparition sur la terre française qu'autant que les deux conditions suivantes seront remplies :

1° Tous les électeurs seront suffisamment éclairés pour être à même de voter en connaissance de cause sur les grandes lignes de liberté, de justice ;

2° Les mandataires de la nation seront réellement responsables, c'est-à-dire que leur responsabilité sera sanctionnée par des châtiments **inévitables** et en rapport avec la gravité des fautes commises.

Mais, dans les circonstances actuelles, ces deux facteurs essentiels du progrès pacifique et indéfini nous font également ment défaut.

Ce ne sera donc qu'après avoir obtenu le second que nous pourrons exiger le premier.

En présence d'une situation lamentable et grosse de périls, depuis des années déjà, je me demandais si l'espoir d'un avenir meilleur nous était interdit, si la république véritable, qui, seule, pourrait conjurer la catastrophe finale et irrémédiable, n'était pas un rêve chimérique.

Et je songeais alors aux grands travaux des hommes éminents et généreux qui consacrèrent leurs existences au service de l'humanité.

J'évoquais le souvenir des innombrables théories politiques et sociales que le siècle, agonisant aujourd'hui, vit éclore.

Je voyais ces milliers de braves cœurs emprisonnés, torturés, massacrés dans la lutte pour le triomphe de la justice.

Je constatais enfin que, depuis plus de cent ans déjà, nous célébrions sans cesse les bienfaits de la liberté, de la lumière, sans avoir eu le bonheur encore de les apprécier un seul instant par la possession, et que tant d'efforts et de sacrifices aboutissaient, hélas ! au triste avortement que voilà :

Le despotisme toujours debout, l'ignorance, l'erreur à la base de nos institutions.

Et cette question revenait sans cesse à mon esprit :

Pourquoi donc tant d'impuissance ?

Certes, je pèche bien plutôt, par le contraire de la présomption et mes alarmes patriotiques seules pouvaient m'inspirer l'audace d'aborder le grand problème qui tint en échec, une pléiade entière de chercheurs.

Et cependant, le succès voudrait-il donc, enfin, couronner mes efforts ?

La solution vainement poursuivie par tant d'esprits supérieurs, viendrait-elle, aujourd'hui, par un caprice suprême et peu facile à prévoir, se livrer à un inconnu ?

Quoi qu'il en soit, chers concitoyens, permettez-moi de soumettre à votre jugement sans appel, le résultat de mes recherches.

Après mille combinaisons inacceptables qui, le plus souvent, ne s'imposèrent à mon attention que par l'effet du besoin que j'éprouvais de croire à la possibilité de la réalisation de mes désirs, un jour enfin, je fis le raisonnement que voici :

L'erreur ne produit que des résultats funestes, la vérité seule est féconde pour le bien.

Or, la nature qui nous a faits, ne nous permet pas de faire mieux qu'elle; donc, la vérité nous sera révélée par l'étude des lois de la nature.

Quel moyen notre mère commune a-t-elle mis à notre disposition, pour nous permettre la recherche du vrai?

Ce moyen, c'est le don d'envisager les questions sous leurs aspects divers, le don de remonter aux causes et de prévoir; c'est cette faculté que nous désignons par les mots : « raison, raisonner ».

Pourquoi donc, alors, les peuples, jusqu'à ce jour, se sont-ils laissé dominer et exploiter comme des êtres dépourvus de raison?

Parce que, les gouvernants, afin d'accaparer impunément les jouissances et les richesses que la domination procure, s'appliquèrent, en tout temps, à maintenir les populations dans les ténèbres et à les mettre ainsi dans l'impossibilité de faire usage de leur raison, de sentir la vérité sur des questions qui leur étaient étrangères.

Maintenant, à l'origine de chacun de nos actes bons ou mauvais, utiles ou nuisibles à autrui, que voyons-nous?

Nous constatons la présence de l'intérêt personnel, ou, pour mieux dire, l'influence d'un des multiples dérivés de l'égoïsme.

D'où il suit que l'esprit d'initiative, le mouvement, la vie de l'humanité, prenant leur source aux antipodes du désintéressement, la solution **naturelle** et pacifique du problème politique et social pourra se formuler ainsi :

Utiliser pour le bien de tous, les trois premiers-nés de l'égoïsme : la cupidité, la peur et la vanité, ces trois grands leviers de l'humanité, qui, jusqu'à ce jour, engendrèrent tant de crimes et de misères; en d'autre termes :

Chercher la satisfaction de l'intérêt général au moyen de la satisfaction de l'intérêt privé des mandataires de la nation, combinée avec la crainte salutaire du châtiment.

Voici donc ce que je proposerais pour assurer l'exécution fidèle de la volonté nationale :

1° **Le mandat de député serait le résultat d'un contrat légal entre les électeurs et le candidat;**

2° **Les mandataires infidèles seraient justiciables du jury du département de la Seine;**

3° **Afin d'acquérir le droit d'exiger chez nos représentants les qualités constitutives du fonctionnaire véritablement utile, c'est-à-dire capacité, assiduité au travail et probité, nous voudrions rétribuer les dépositaires de l'honneur, de la fortune, de l'indépendance de la nation selon l'importance, les difficultés et les labeurs inhérents à leur nouvelle et glorieuse mission; nous leur ferions une situation pécuniaire magnifique, par conséquent.**

Précisons :

A quel chiffre porterons-nous le traitement de nos députés?
Disons d'abord :

Un roi, un empereur, un monarque quelconque nous coûterait 25 millions de liste civile, il nous en volerait autant si bon lui semblait, et nous devons tenir pour certain, le passé nous l'ordonne, qu'en pareil cas le bon vouloir ne lui ferait jamais défaut. Total : 50 millions.

Nous aurions à solder, en outre, une Chambre de députés, un Sénat, et, comme cela s'est invariablement pratiqué pendant quatorze cents ans sous nos monarchies diverses, le pays serait livré, pieds et poings, à la merci d'une bande dévorante et toujours famélique.

Ajoutons, pour dire la vérité tout entière, que, depuis la chute de l'empire, **en l'absence de tout contrôle et de toute responsabilité,** les errements monarchiques se continuent impunément et sans vergogne.

Ce qui fait qu'en l'an 1883, sous un régime inqualifiable, cyniquement décoré du nom de « république », notre malheureux pays n'est plus qu'une mosaïque de pachaliks étroitement reliés par la franc-maçonnerie du despotisme, le corbeau sinistre planant sur le tout.

En pareille situation, et puisqu'il est clairement démontré qu'en dehors de la république réelle tout espoir de salut nous est interdit, je n'hésite pas à faire la proposition suivante :

Les 50 millions que nous coûterait annuellement le luxe d'un dernier tyran qui se ferait, à bref délai, le fossoyeur de la France, consacrons-les à l'acquisition d'une assemblée nationale réellement responsable qui, de la situation la plus critique et la plus périlleuse, nous porterait bientôt à un degré de force et de prospérité sans précédent dans l'histoire des peuples.

Ici, j'entends les cris de protestation des pauvres ignorants, qui, le plus souvent, sont des ignorants pauvres :

« Nous payons déjà trop cher nos députés pour ce qu'ils font ! »

D'abord, mes amis, il s'agit précisément d'obtenir tout le contraire de ce qui nous révolte en ce moment.

Avec l'irresponsabilité vous trouverez, tant que vous en voudrez, parmi les riches, des hommes qui accepteront de vous représenter pour la somme de 9.000 fr. et même en l'absence de toute rétribution.

Mais, songez-y bien, moins vous les paierez, plus ils vous coûteront cher.

Ils ne se lasseront pas, en effet, d'augmenter les charges publiques, tout en ayant soin de les faire peser sur d'autres épaules que les leurs ; ils inventeront sans cesse des fonctions nouvelles, des sinécures bien rétribuées pour caser leurs parents, leurs amis, ou bien tout simplement pour se faire des partisans ; ils continueront enfin, sans trouble et sans pitié, les errements qui nous mènent droit à la ruine ; car, vous le savez, l'argent n'a pas de patriotisme, et, pour la plupart des mandataires irresponsables, le mandat de député n'est qu'une question d'argent, un moyen pour faire leurs affaires personnelles aux dépends de l'intérêt général.

Avec la responsabilité réelle, vous ne trouverez pas, en nombre suffisant **des hommes capables** qui, pour la somme de 9.000 fr. par an, consentiront à assumer des responsabilités redoutables et à consacrer tous leurs instants à légiférer et à veiller à la bonne gestion de la chose publique.

D'ailleurs, les 50 millions que je propose de consacrer à la solde de l'Assemblée nationale responsable, nous les retrouverions et au-delà, par la suppression du Sénat, de la présidence de la République, du régime parlementaire, des ministres, des grasses sinécures, du budget des cultes, etc., etc.

Mais, outre cela, vous allez comprendre tout à l'heure que votre intérêt personnel vous conseille, je ne dis pas de payer vos députés plus cher, mais de les autoriser à toucher des appointements plus considérables, ce qui est bien différent.

Suivez mon raisonnement :

L'impôt indirect alimente, pour les quatre cinquièmes, notre budget fabuleux.

Sur qui pèse le plus lourdement cet impôt?

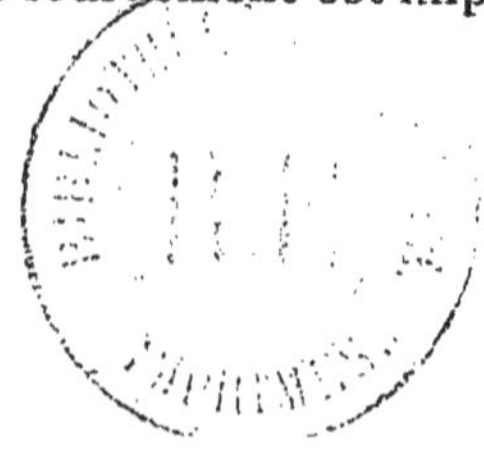

Sur le plus grand nombre, sur le pauvre, sur celui qui n'a rien.

D'où il suit, qu'après avoir produit, sans en posséder un seul sou, les milliards que nous devons, l'ouvrier doit les reconstituer périodiquement, au moyen de l'impôt indirect, entre les mains des heureux qui ont su les faire dériver vers leurs caisses, et cela sans préjudice des charges latérales.

L'habitant de Paris débourse, en moyenne, 80 fr. par an pour le budget de l'État et 113 fr. pour celui de la ville. Total : 193 fr.

Une famille d'ouvriers, composée du père, de la mère et de deux enfants, supporte, par conséquent, une charge annuelle de 772 fr. ; mettons 700, mettons 600, mettons 500 fr., pour rester au-dessous de la vérité.

Il arrive souvent que le père, avec le produit de son travail, doit pourvoir à tous les besoins de la famille.

Or, j'exagère certainement en évaluant à 1.700 fr. la moyenne du salaire annuel de l'ouvrier de Paris.

C'est donc, avec la modique somme de 1.200 fr. que ces quatre malheureux doivent se nourrir, se loger, se vêtir, etc., pendant l'année.

Supposons un instant la responsabilité solidement établie, tout change de face à l'instant, tout s'améliore comme par enchantement.

Vous ordonnez l'équitable répartition de l'impôt et aussitôt, l'impôt unique, l'impôt sur le revenu fait disparaître les mesures fiscales qui entravaient la production et la consommation et vous délivre ainsi du lourd fardeau qui vous accablait.

Vous voyez donc bien, par conséquent, que l'augmentation du traitement de nos députés, loin d'aggraver vos charges, vous permettrait, au contraire, de les secouer et ce ne serait encore là, d'ailleurs, qu'un des innombrables bienfaits de la responsabilité réelle.

Je dis également aux légions d'employés secondaires de l'État, qui font tout le travail et qui ne sont pas rétribués selon leurs mérites : Vous avez intérêt à propager les idées que je place sous vos yeux, car la République véritable vous rendrait justice.

Et aux intelligences d'élite qui aspirent à faire leur carrière politique : Voici quelle sera l'équitable et magnifique rémunération des grands services que vous rendrez un jour à votre pays.

Je m'adresse, enfin, à tous les bons citoyens qui gardent au fond du cœur le culte de la patrie et je leur dis :

N'oubliez pas que le temps presse, que nos charges touchent aux dernières limites du possible, que les fonctions les plus importantes et la force, en particulier, sont toujours entre les mains des pires ennemis de la République.

Souvenez-vous que le crime le plus odieux et le plus redoutable, la trahison, n'est plus, depuis douze ans, qu'un titre de recommandation à la faveur de nos gouvernants.

Ne perdez pas de vue l'ennemi mortel, frémissant d'impatience, qui guette à nos portes le moment favorable pour se ruer encore une fois sur nous et anéantir ce qui nous reste de patrie.

Afin de mieux faire ressortir encore, l'urgente nécessité de la responsabilité réelle, je voudrais, chers concitoyens, traiter avec quelques développements, la question qui domine de si haut toutes les autres, si toutefois vous pensez, comme moi, que la première condition pour prospérer, c'est de vivre, et que, pour vivre en présence d'un ennemi mortel, il faut être assez fort pour lui disputer sa vie.

Quatorze ans de service militaire me donneront peut-être, à vos yeux, l'autorité voulue pour aborder ce grave sujet : l'armée.

Rappelons-nous d'abord que le traité de Francfort a posé la question de vie et de mort entre la Prusse et la France.

Les Prussiens ne l'oublient pas un instant, de leur côté, nous devons en être bien persuadés.

Sans cesse, par conséquent, nous devrions nous dire :

Voici le moment de la lutte suprême : quels seraient les moyens respectifs d'attaque et de défense de l'Allemagne et de la France ?

Comment les belligérants de 1870-1071 ont-ils mis à profit le temps écoulé depuis la signature de la paix, pour opérer la réorganisation de leurs forces ?

Voici la vérité :

Nos vainqueurs, aussitôt la guerre terminée, et comme s'ils devaient, à leur tour, redouter une invasion immédiate, se sont mis à l'œuvre sans perdre un instant.

Ils ont multiplié les travaux de fortifications, ils ont accumulé les approvisionnements de toutes sortes, ils ont élargi et consolidé leurs cadres.

Ayant constaté que, pendant la campagne dernière, la landwehr avait rendu les mêmes services que l'armée active, ils ont mis la landsthurm sur le même pied que la landwehr.

En un mot, ils ont perfectionné, ils perfectionnent sans cesse leur organisation, déjà presque parfaite en 1870.

Résultat :

Plus de trois millions d'hommes exercés et des cadres suffisants pour diriger plus de quinze armées de cent mille hommes chacune.

N'oublions pas un trésor de guerre colossal qui permet à la Prusse d'entrer en campagne **à son heure** sans avoir recours au crédit,

Telle est, en ce moment, la situation militaire de l'Allemagne.

Et nous, les vaincus, qu'avons-nous fait?

Avant tout, chers concitoyens, permettez-moi d'exprimer, sans parti-pris de vanité nationale, une opinion personnelle basée sur l'observation de faits *quorum pars parva fui*, c'est-à-dire auxquels j'ai contribué dans la mesure de mes petits moyens.

Soldat en Afrique, en Crimée et ailleurs, j'ai constaté que l'armée française combattait avec plus d'entrain, plus d'élan et avec autant de bravoure que l'armée anglaise.

A Inkermann et à Balacklava, nous avons sauvé nos alliés suspects de la déroute complète.

Quant aux Russes, « ces bastions qu'il faut démolir à coups de canon », selon l'étrange opinion de Napoléon Ier, nous les avons toujours combattus avec succès, un contre deux à l'Alma, un contre trois à Inkermann, un contre quatre à Tracktir.

Le choléra, le typhus, la dyssenterie, le scorbut, les rigueurs de l'hiver, les fatigues, les privations, les épreuves les plus cruelles, en un mot, furent impuissantes à faire nos soldats se départir de leur inaltérable belle humeur.

Et au feu donc, étaient-ils assez jolis nos petits troupiers?

En pleine distribution réciproque de projectiles les plus variés, toujours le mot pour rire!

« Faisons-les à la fourchette! » et nous enlevions ces bons Moscovites, avec tous les égards compatibles avec la situation.

Je formule donc ainsi ma conviction raisonnée :

Au point de vue des qualités requises pour faire convenablement sa partie, dans les glorieuses séances d'entr'égorgement que l'on nomme « des batailles », le soldat français n'a pas son pareil.

Donnez-lui des chefs sur lesquels il puisse compter, c'est-à-dire **en République des chefs républicains**, veillez à ce qu'il soit pourvu de tout, dans les limites du possible, en campagne, épargnez-lui les marches et les contre-marches inutiles, mettez-le frais et dispos en face du Teuton et à nombre égal ou même inférieur quelque peu, nous vaincrons certainement.

Mais, qui veut la fin, doit vouloir les moyens.

Au lendemain de nos désastres, ce ne fut qu'un cri par toute la France.

Il fallait, **sans perdre un instant** :

Réorganiser nos états-majors,

Réorganiser l'intendance,

Élargir et consolider nos cadres,

Armer la nation entière,

Assurer la prompte mobilisation de nos forces,

Exécuter les travaux de défense,

Construire les chemins de fer stratégiques,

Organiser les écoles de tir dans tous nos centres de populations et doter notre artillerie de pointeurs excellents à raison de trois par pièce, soit neuf mille pointeurs d'élite pour nos trois mille pièces d'artillerie de campagne, les choisir parmi les meilleurs tireurs des trois armes,

Organiser l'artillerie de forteresse,

Organiser la télégraphie de campagne,

Organiser des compagnies d'ouvriers pour rétablir les lignes de chemins de fer coupées,

Exercer la cavalerie à éclairer l'armée et à couper les voies ferrées,

Les officiers devaient apprendre l'allemand et la topographie, etc., etc.

Voilà ce que tous les bons Français, dans leurs angoisses patriotiques, sentaient vivement en 1871.

Et aujourd'hui, en 1883, où en sommes-nons ?

Qu'a-t-on fait des **huit milliards** que la France a déboursés pour la réorganisation de ses forces ?

Ici une petite digression nécessaire :

L'organe le plus important du journalisme anglais, le *Times*, nous disait dernièrement, qu'au lendemain du 4 septembre 1870, Napoléon III parlant au roi de **Prusse**, avait prononcé les paroles suivantes :

« Maintenant, vos ennemis sont les miens. »

Traduisez : « Maintenant, le succès final vous est assuré, car
» je vais, à l'instant, recommander à mes partisans qui dis-
» posent de tous les moyens d'action de la France, de se faire
» dès aujourd'hui les auxiliaires de votre fortune, afin d'empê-
» cher la République de se consolider par la victoire.

» Dans ces conditions, il y aurait habileté, je pense, à traî-
» ner la guerre en longueur.

» Un simulacre de lutte prolongée permettrait, en effet, à la
» vanité française de se consoler de la trahison et légitimerait
» de votre part des exigences plus grandes au moment de la
» signature de la paix, tout en vous permettant d'accumuler

» des ruines qui mettraient **nos ennemis** dans l'impossi-
» bilité de tenir leurs engagements.

» Car, je vous le dis en vérité : puisqu'il ne m'est plus
» permis, avec ma bande aimée, de tondre la France jusqu'à
» l'os, je redeviens ce que je fus jadis : Hollandais, Allemand,
» Suisse, Anglais, Américain, tout ce que vous voudrez enfin,
» tout, excepté Français. »

Ce fut probablement à la suite de cette noble déclaration,
que Bismarck exultant, lâcha cette joyeuseté de cannibale
satisfait : « Maintenant, laissons les Parisiens cuire dans leur
» jus. » (Historique). Et, à dater de ce jour, en effet. la trahison se donna libre carrière à Metz, à Paris, sur la Loire,
partout enfin.

Depuis la chute de l'empire, tous les partis monarchiques
et les faux républicains se disputent l'appui du clergé ou, ce
qui est plus exact, la protection de la secte jésuitique.

Ce qui fait qu'aujourd'hui les jésuites sont plus puissants et
infiniment plus riches, en France, qu'ils ne l'étaient en 1789, à
la veille de la révolution.

Les bureaux de tous les ministères leur appartiennent; la
haute finance, le haut commerce, la haute industrie, se pros-
ternent à leurs pieds.

On n'est, on ne devient quelque chose, que par leur faveur
prépondérante.

Il est cependant un point spécial sur lequel ils ont concentré
leurs soins de tous les instants.

Sachant bien que la force prime tout, c'est-à-dire que le droit
ou le crime triomphent ou succombent selon qu'ils ont la
force pour ou contre eux, Beckx, le général des jésuites, le
maître du catholicisme tout entier, le pape compris, s'est appli-
qué, d'une manière toute particulière, à s'emparer des forces
militaires de la France et il a parfaitement réussi.

Aujourd'hui, les états-majors, les bureaux de la guerre, l'intendance et les services qui en dépendent, sont entièrement à
sa dévotion.

L'armée active est bien dans sa main certainement, mais il
tient encore mieux l'armée territoriale. Quant à la marine mili
taire, elle est encore plus cléricale que tout le reste.

L'armée dite française n'appartient plus à la France dont le
rôle se borne uniquement à fournir les hommes et les milliards,

Et dire, qu'en présence de cet envahissement redoutable, il
ne s'est pas encore trouvé parmi nos trente-sept millions d'êtres
humains, un seul homme autorisé, qui se soit fait le champion
persévérant et énergique de cette revendication commandée
par le plus vulgaire bon sens, par l'honnêteté politique, par le

patriotisme les plus élémentaires : les fonctions de la République en général, et la force en particulier, en mains républicaines !

En vérité cela donne le vertige.

Voilà donc pourquoi, **douze ans après la guerre** et bien que la France ait dépensé plus de **quatre-vingts fois cent millions,** sous prétexte de réorganisation militaire, nous attendons toujours, les réformes dont chacun de nous sentait l'**urgente nécessité en 1871.**

En effet :

Nos états-majors sont absolument ce qu'ils étaient en 1870 et toujours disposés à rendre les mêmes services ; il est juste de dire, cependant, qu'après **sept ans** de réflexion, l'on procéda vers 1878, à un simulacre de réorganisation qui a permis à ses auteurs de paraître faire quelque chose, tout en ne produisant rien d'utile.

Il eût été cependant bien simple et bien facile de copier, depuis longtemps déjà, l'incomparable organisation des états-majors prussiens, mais c'eût été là une bonne note pour la République, et c'est ce qu'il fallait éviter à tout prix.

L'intendance conserve encore intact le mécanisme qui donna jadis les merveilleux résultats que vous savez.

Dernièrement encore, elle laissait, pendant un mois, sans vivres, sans campement, sans ambulances, les quinze mille hommes expédiés en Tunisie pour monter la garde à la porte de la grande flibusterie financière logée à l'enseigne du Khroumir.

La voyez-vous un de ces jours (je parle de l'intendance) chargée de pourvoir aux besoins de plus d'un million de soldats ?

On vient, il est vrai, d'ajouter à nos charges les traitements plantureux d'un corps nouveau dit des contrôleurs de l'intendance.

Mais de quoi se compose, en majorité, ce groupe estimable ?

D'intendants, paraît-il.

Avec la meilleure volonté du monde, je me figure mal, pour ma part, deux augures se regardant sans rire.

Nos cadres, au point de vue de la qualité, sont bien inférieurs à ceux de 1870.

A cette époque, la moyenne d'âge de nos sous-officiers était de vingt-cinq ans. Autant ceux-ci connaissaient leur affaire, autant ceux d'aujourd'hui sont inexpérimentés ; nous avons des porte-galons, nous n'avons plus de sous-officiers.

Or, vous le savez, pas de sous-officiers, pas d'armée, et sans armée, métaphore à part, nous travaillons pour le roi de Prusse.

Notre armée territoriale pourrait-elle, en cas de guerre,

jouer, à côté de notre armée active, le même rôle que la landwehr à côté de l'armée active allemande?

Non.

Qu'arrivera-t-il au moment de la mobilisation générale, lorsque nous devrons porter à 250 hommes les maigres effectifs actuels de nos compagnies?

Nous n'en savons rien et nous nous sommes mis dans l'impossibilité de le savoir, n'ayant pas adopté le recrutement des corps d'armée par région.

Ici encore, pourquoi n'avoir pas copié l'admirable organisation de l'armée allemande?

« Parce qu'au jour de la lutte, certaines contrées pourraient » se trouver trop particulièrement éprouvées », soupirent, les yeux au ciel, les doux philanthropes de la semaine sanglante.

Parce qu'avec un corps d'armée entièrement composé de Parisiens, avec des corps d'armée comprenant, en bloc, les soldats des grandes villes : Lyon, Marseille, Bordeaux, etc., l'avènement d'un sauveur serait impossible ; voilà, selon moi, le pourquoi véritable.

Toujours l'intérêt national sacrifié à l'intérêt do parti!

Inutile, je pense, de pousser plus loin l'énumération des réformes qui attendent toujours sous l'orme.

Je résume donc ainsi le bilan de notre situation militaire.

Qu'avons-nous fait pour nous mettre en bon état de défense ?

Rien, rien, rien, car tous nos sacrifices demeurent frappés de stérilité tant que nous n'avons pas fait le nécessaire pour tenir tête aux innombrables soldats de l'Allemagne.

L'ineptie va-t-elle jusque-là ?

Non, c'est inadmissible, ceci est calculé, voulu, c'est de la trahison pure.

Les Prussiens de l'intérieur ne se contentent pas de nous maintenir dans l'impuissance en face des Prussiens du dehors et de diriger uniquement le mécanisme de l'armée contre la France républicaine, ils gaspillent encore avec acharnement nos finances ; ils éparpillent sans cesse nos forces, insuffisantes déjà, dans des expéditions lointaines plus que suspectes dans leurs causes secrètes.

En vérité, Bismarck lui-même, à la tête de la France, ne ferait pas mieux les affaires de la Prusse.

Et cependant, depuis 1879, nous avons, au sommet de la... République, un président sérieusement républicain, et dans nos deux Chambres, des majorités plus républicaines, plus françaises encore, si c'est possible.

Quel serait donc le velouté de notre situation si tous ces.. honorables n'étaient pas, à ce point, dévoués à la République et à la patrie?

L'on ne saurait trop insister, je pense, sur ces vérités redoutables.

J'ajoute donc : voici l'heure de la lutte suprême, qu'arriverait-il ?

Dans huit jours, !'empereur d'Allemagne met en ligne 600.000 hommes, suivis d'un nombre égal quinze jours plus tard.

Total : 1.200.000 hommes commandés par les états-majors que vous savez.

Derrière ces forces colossales, il tient en réserve 300.000 hommes de la landsthurm, qui gardent l'intérieur.

Et nous ?

Entre l'armée active et la territoriale, nous n'avons rien d'analogue à la landwehr.

Ce qui fait que notre armée active seule devra tenir tête aux 1.200.000 hommes de l'armée active allemande et de la landwehr, et il arrivera nécessairement ceci : que pour lui prêter main forte, tant bien que mal, les pères de famille de l'armée territoriale devront aller au feu, tandis que la plupart de nos jeunes gens de vingt-six à trente ans resteront sans emploi faute de cadres.

Ainsi donc :

Des cadres insuffisants au double point de vue du nombre et de la qualité, des états-majors relativement ignorants, l'intendance... de 1870, c'est tout dire, tels sont nos moyens d'action et, à la tête de tout cela, les auteurs de notre impuissance voulue, **qui ne connaissent que le mot d'ordre venu de la patrie spirituelle.**

Ici, chers concitoyens, permettez-moi d'appeler votre attention sur les agissements de la diplomatie prussienne.

Pendant qu'il dirige contre nous, l'alliance austro-italo-prussienne, **voyez Bismarck qui travaille activement la cour du Vatican pour mettre dans son jeu les arbitres de la France.**

Laissez-moi vous dire, enfin, que dans la lutte entre l'Allemagne et la France, il ne s'agit pas seulement d'une guerre ordinaire entre peuples dits civilisés.

Il s'agit d'une **guerre de race**, nos ennemis mortels ne se lassent pas de nous le répéter depuis plus de cent ans déjà.

Guerre de race ! combien trouverions-nous, en France, de citoyens convenablement pénétrés de la signification de ces mots sinistres ?

Vous le savez, nous sommes généralement ce que l'éducation nous a faits ?

Eh bien, pendant que nous leur tendons naïvement une

main fraternelle, les Teutons familiarisent leurs enfants avec cette pensée que nous sommes une race inférieure, que les races inférieures doivent disparaître devant les races supérieures, que la terre française, qui occupe la plus belle situation géographique du globe, qui réunit la variété des climats et des produits, doit appartenir un jour à la race supérieure, à la race germanique, par conséquent.

La France morte, l'Allemagne serait bientôt maîtresse de l'Europe entière.

Alors nous aurions à subir tous les outrages, toutes les vexations, tous les préjudices, tous les abus de la force au service de la haine barbare, et comme nos plaintes, désormais, resteraient sans écho, les hommes de cœur, pour se soustraire à une persécution intolérable, devraient se résigner à prendre le chemin de l'exil.

Voilà, chers concitoyens, pour ceux d'entre vous qui ne le sauraient pas encore, ce qu'il faut entendre par ces mots : guerre de race.

Je me résume :

Citoyens,

Si la lecture de ces pages vous a bien démontré la gravité de la situation qui nous est faite par la gestion superlativement criminelle dont nous sommes victimes depuis douze ans, si vous êtes pénétrés, comme moi, de l'urgente nécessité de couper court à la trahison, en confiant exclusivement à des républicains les fonctions de la République, et en assurant partout le contrôle et la responsabilité réelle, si vous pensez enfin que la République véritable, obtenue par les moyens que je propose, pourrait seule opérer notre salut et nous permettre pacifiquement, ensuite, tous les progrès dans la voie de la justice par la liberté, par la lumière, vous voudrez certainement, sous l'aiguillon du patriotisme alarmé, consacrer vos efforts à éclairer les malheureux ignorants qui, vous le voyez, marchent à l'abattoir avec l'inconsciente docilité des quadrupèdes domestiques.

Les prêtres chrétiens, en général, et les prêtres protestants, en particulier, excellent à faire de la propagande au moyen du petit livre.

Imitons-les en cette grave circonstance.

Voici une petite brochure à la portée de toutes les intelligences et de toutes les bourses qui pourrait, en peu de temps, propager la vérité jusqu'au hameau le plus reculé.

Répandez-la donc sur la plus vaste échelle possible, si, toutefois, vous ne voyez pas de moyen plus efficace pour obtenir plus promptement des résultats meilleurs.

VERUM.

20 avril 1883.

Paris. — Imp. Balitout, Questroy et Cⁱᵉ, 7, rue Baillif.